お茶にもお酒にもあう大人のケーキ
＋
季節の果実ジャム

circusの
どこにもない
パウンドケーキ

セキグチテルヨ

はじめに

私はおしゃれな外国語の名前のケーキや手順がたくさんあるケーキ作りが得意ではありません。おしゃれな名前は全然覚えられないし、手順がたくさんのレシピは読んでいるうちに、「う〜ん、また今度にしよう」と後回しにしがち。

そんな性分だから、私のケーキは最小限の道具、計量がラクな切りのよい分量、単純な手順で作れるものばかり。ケーキ作りに慣れていない人でも作れるシンプルなレシピです。

作り方がシンプルなぶん、素材の組み合わせに工夫を凝らします。「これとこれを組み合わせたら、どんな味になるのだろう」と実験気分で試したり、絵を描くように色を重ねたり、果実の風味をぎゅっと閉じ込めたりして、食べる人がワクワクするケーキ作りを目指しています。

ケーキを通じて季節を感じてほしいから、旬の果実のジャムをよく焼き込みます。ジャムを煮るのは手間がかかるけれど、自分で作るとおいしさもひとしお。香りや色も楽しめます。はじめての人も、ぜひ挑戦してみてください。

ハーブやスパイス、お酒のきかせ方は、人それぞれに好みがあるので、レシピの分量にこだわらず、足したり引いたりしてください。自分好みの味に変化させるのも、ケーキ作りの楽しさのひとつです。

ショップカードは友人の清水美紅さんの作品。店の壁の色やイメージを伝えて描いてもらった絵の中には、私の誕生花の寒椿が一輪咲いている。

circus の どこにもない パウンドケーキ

目次

はじめに 02
基本のケーキ——レモンのパウンドケーキ 06
材料のこと 10
型のこと 12
型の準備／生地の入れ方 12
道具のこと 13
しっとり焼くコツ／ケーキの取り出し方 13

果実やジャムを使って

柚子とレモンのアイシングケーキ 15
金柑とクリームチーズのパウンドケーキ 18
柚子マーマレードとクリームチーズのパウンドケーキ 22
リンゴと胡桃のシナモンケーキ 26
梅ジャムとチョコのパウンド 30
焼き苺とローズマリーのホワイトチョコケーキ 34
甘夏マーマレードとローズマリーのパウンドケーキ 38

チョコレート、キャラメル、お酒を使って

チョコと柚子マーマレードと花椒のケーキ 45
チョコとバナナと木の実のパウンドケーキ 48
焦がしバナナと木の実のパウンドケーキ 50
桜と酒粕のパウンドケーキ 55
ドライフルーツとラム酒のパウンドケーキ 58
木の実とチョコとコーヒーのパウンドケーキ 60
カボチャのキャラメルケーキ 62
ブルーベリーとピスタチオのホワイトチョコケーキ 66
サツマイモとクリームチーズのシナモンケーキ 68
リンゴとピンクペッパーのチョコパウンド 70

スパイス、お茶、干した果実、木の実を使って

リンゴと赤いスパイスのパウンドケーキ 75
スパイスジンジャーとジャスミン茶のパウンドケーキ 78
スパイスジンジャーと梅ジャムのパウンドケーキ 82
干し柿と胡桃の味噌パウンド 84
干しアンズの小梅味噌ケーキ 86
番茶と胡桃のシナモンケーキ 88
甘納豆の味噌パウンド 90
干しイチジクと胡麻の味噌パウンド 92
木の実と小梅味噌のパウンドケーキ 94

04

ジャム類＋デザート&ドリンク

金柑の甘煮 20
金柑ピール 21
柚子のマーマレード 24
ホット柚子 25
リンゴのジャム 28
リンゴジャムとクリームチーズのパフェ 29
梅のジャム 32
梅ジャムのバタートースト 33
焼き苺 36
焼き苺のバルサミコ煮をアイスクリームにかけて 37
甘夏のマーマレード 40
甘夏ミントソーダ 41
焦がしバナナ 52
焦がしバナナとアイスクリーム 53
ドライフルーツのラム酒漬け 58
カボチャのキャラメル煮 64
キャラメルカボチャのメープルトースト 65
ブルーベリーのジャム 67
サツマイモの飴煮 69
リンゴとみかんのホットワイン 77
ジンジャーシロップとスパイスジンジャー 80
ホットジンジャー 81
自家製ジンジャーエール 81
小梅味噌 87

column

Happy birthday to you!
ハッピーバースデイ 42
パウンドケーキを包む、贈る。 43
For the Christmas holidays
クリスマスの日に 72

ケーキを作りはじめる前に

• 小さじ1は5㎖、大さじ1は15㎖、カップ1は200㎖です。
• 卵は1個50gくらい（殻を除く）のものを使っています。
• 柑橘類は皮ごと使うので、国産を選んだり、十分に洗って使います。
• 水分量の多い材料を使うケーキでは、粉類を加える前の段階で生地が分離してしまうことがあります。その場合は先に粉類の一部（少量）を混ぜると生地がつながります。
• オーブンはあらかじめ設定温度に温めておきます。
• ケーキの焼き時間、ジャムなどを煮る時間は、機器具や材料の状態の違いで多少差がでます。レシピの時間を目安に、様子を見ながら加減してください。

基本のケーキ

レモンのパウンドケーキ

卵とバターのやさしい風味に、レモンの酸味がふんわり重なる。
作り方はいたってかんたんだから、だれでも気軽に作れる。
やわらかなホイップクリームをたっぷりかけて、おやつにどうぞ。

表面はクッキーのようにさっくり。中は水分を含んでしっとり。軽すぎず、重すぎずのこの口当たりは、2段階の温度設定のなせるワザ。表面が焼けてきたらオーブンの温度を下げ、後半はアルミ箔で覆って焼きあげる。

基本のケーキ
レモンのパウンドケーキの作り方

材料 24.5cmパウンド型1台分

- バター（食塩不使用）‥‥180g
- 卵‥‥3個
- グラニュー糖‥‥150g
- 薄力粉‥‥230g
- ベーキングパウダー‥‥小さじ1
- レモンの皮のすりおろし‥‥1個分
- レモン果汁‥‥大さじ1

1

バターはへらでつぶせるくらいにやわらくもどす

準備：バターは冷蔵庫から出して、完全に室温にもどしておく。卵も室温にもどしておく。

2

泡立て器で混ぜると空気が入り込んで、生地に分散しやすくなる

準備：ボウルに薄力粉とベーキングパウダーを入れ、泡立て器でよく混ぜ合わせておく。もしダマがあればふるう。

7

グラニュー糖が完全に見えなくなって、バターになじむまでしっかり混ぜる。

4

準備：レモンはまず皮をすりおろし、その後、半分に切って果汁を搾る。

5

クリームのような状態になるまで十分に混ぜる

大きなボウルに1のバターを入れ、泡立て器でぐるぐる混ぜてなめらかにする。

8

7に卵1個を加え、泡立て器でぐるぐる混ぜる。完全に混ざったら2個目、混ざったら3個目、と1個ずつ混ぜる。

3

準備：型にオーブンシートを敷く。オーブンを160℃に温めておく。

6

5にグラニュー糖を加え、泡立て器でぐるぐる混ぜる。

9

分離しやすいので手早く、力強く、十分に混ぜる

3個目の卵が完全に混ざり、ふわっとしてくるまで泡立て器でぐるぐる混ぜ続ける。

08

泡立て器を動かす手はミキサーになったつもりで早く、力強く。
ボウルの底に泡立て器の先端を押しつけて、うず巻き模様を描いてぐるぐる。
粉類を加えたら混ぜすぎは禁物。ゴムべらでさっくり切るように混ぜよう。

10

合わせておいた 2 の粉類を一気に加える。

13

さっくりと切るようにレモンを混ぜ込んでいく。

16

ふくらみやすい真ん中は低くする。線を引くときれいにふくらむ

生地の真ん中が弓なりに低くなるようゴムべらで表面をならし、中央に1cm深さの線を1本引く。

11

粉を加えたら混ぜすぎない。練って粘りを出さぬよう！

ゴムべらに替えて、さっくりと切るように粉を混ぜ込んでいく。

14

竹串を刺して何もついてこなければ焼きあがり

生地の混ぜあがり。粉っぽさがなくなり、少しもろっとしている。

17

160℃のオーブンで25分焼き、取り出してオーブンを140℃に下げ、生地の表面をアルミ箔で覆ってさらに45分焼く。

12

粉っぽさがまだ残るうちに、4のレモンの皮と果汁を加える。

15

へらで生地を型に押しつけて隅まで詰める

準備した型に生地を入れていく。

18

スイッチを切り、そのまま庫内で冷ます。包丁の刃先で両端を型からはがし、シートごとケーキを持ち上げて取り出す。

材料のこと

この本では、こんな材料を使っています。製菓材料店で買えます。

薄力粉 / ベーキングパウダー / グラニュー糖 / クリームチーズ / バター / 卵 / チョコレート

卵

1個50gくらい（殻を除いた重量）の鶏卵を使っています。

レモンなどの柑橘類

果汁を搾り、皮を刻んだりすりおろしたりしてケーキに使うほか、ジャムにも使います。皮ごと使うので、国産の無農薬のものをおすすめします。

バター

食塩不使用のバターを使います。室温にもどし、混ぜてクリーム状にしてから他の材料と合わせます。液状になるまで溶かさないように。

グラニュー糖

ケーキの甘みづけにはグラニュー糖を使います。雑味のない純粋な甘さで、焼き込む他の材料の味をじゃましません。ジャムにも使います。

チョコレート

製菓用のビターチョコレートを主に使い、ホワイトチョコレートも一部のケーキに使います。溶かすときは、耐熱容器に入れて電子レンジ（500W）でやわらかくなるまで約4分加熱します。

薄力粉

この本では国産小麦の薄力粉を使っています。スーパーマーケットで売っている一般的なものでも大丈夫。最近の薄力粉はダマになりにくく、私はふるわずに使っています。ダマが気になる場合はふるってください。

ベーキングパウダー

ケーキをふくらませる膨張剤です。アルミニウム不使用のものをおすすめします。

クリームチーズ

小さめの角切りにしてケーキに焼き込みます。酸味とコクが、ほどよいアクセントになります。

さっくり、しっとり

パウンドケーキの基本材料は、小麦粉、卵、バター、砂糖の4つ。バターケーキの代表格ともいえるフランスのカトルカールは、これら基本材料がすべて同量。それにくらべてこの本のパウンドケーキは、バターも卵も砂糖も3割ほど少なめ。どっしりしてバターがふんだんに香るフランス風より、軽くてあっさり。ナイフを入れるとさっくり切れて、口に入れるとしっとり。ふだんのおやつにぴったり。

11

型のこと

この本のケーキは、この型で焼いています。

長さ24.5cm×幅8cm×深さ6cm

ステンレス製のパウンド型。この容量だと材料の分量の切りがよく、使い勝手がいいんです。厚めのスライスが10枚とれます。

型の準備

1 オーブンシートを型の長さに揃えて切る。幅は型の5倍ほど必要。

2 型にシートを敷き込み、余ったぶんは外側にたらしておく。

生地の入れ方

1 準備した型の隅々まで生地を入れ、真ん中が弓なりに低くなるよう表面をならす。

（ふくらみにくい両端を高くしておく）

2 中央に、縦一直線に1cm深さの線を引く。

（焼くとこの線から割れてきれいにふくらむ）

道具のこと

この本では、こんな道具を使っています。

ボウル
大(直径30cm前後)・中(25cm前後)の2サイズを使います。小さいほうで粉類を混ぜ、大きいほうで生地を混ぜあげます。ボウルを固定すると生地を混ぜやすく、私は抱え込んで混ぜます。

泡立て器
粉同士を混ぜたり、バターをクリーム状にしたり砂糖や卵と混ぜ合わせるのに使います。粉類をこれで混ぜると中に空気が入り込み、生地に分散させやすくなります。

ゴムべら
粉類を加えた生地を練らずにさっくり混ぜるのに使います。生地を型に入れたり、生地の表面に線を引くのにも使います。私はシリコン製を使っています

キッチンスケール
材料を計量するのに使います。ケーキ作りでは目分量で大雑把に作業せず、正確に計量することが大切です。

しっとり焼くコツ

1 160℃のオーブンで25分焼き、いったん取り出してオーブンを140℃に再設定する。

8割方ふくらんでうっすら焼き色がつく

2 アルミ箔でケーキの表面を覆い、140℃で45分かけてじっくり焼く。

表面を焦がさず、中温でしっとり火入れ

3 スイッチを切ったオーブンの中で、そのままの状態で冷ます。

庫内で徐々に冷ましてパサつかせない

ケーキの取り出し方

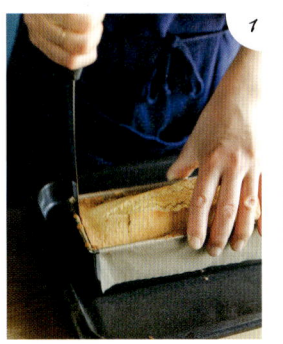

1 包丁の刃先を型とケーキの間に差し込み、生地を型からはがす。反対側も同様に。

2 オーブンシートを持ってケーキを持ち上げる。

果実や
ジャムを
使って

果実はケーキに甘みや香りを与える天然のアクセント。
種類によってちょっとずつ違う柑橘類のオレンジ色、
リンゴの紅色、苺の赤色など、ずっと眺めていたくなる美しさ。
ジャムに煮て、季節の美味を
そっくりそのままびんの中に閉じ込めよう。

柚子とレモンのアイシングケーキ

柚子とレモンのアイシングケーキ

柚子の皮を混ぜた生地に、真っ白い雪のようなアイシング。
アイシングには柚子果汁を混ぜ、最後に皮もおろしかける。
柚子は柑橘類の中でも香りが格別。とても"和"を感じる果実。

材料　24.5cmパウンド型1台分

生地
- バター（食塩不使用）‥‥180g
- 卵‥‥3個
- グラニュー糖‥‥150g
- 薄力粉‥‥230g
- ベーキングパウダー‥‥小さじ1
- 柚子の皮のすりおろし‥‥2/3個分
- レモンの皮のすりおろし‥‥2/3個分

アイシング
- 粉砂糖‥‥100g
- 柚子果汁‥‥小さじ1
- レモン果汁‥‥小さじ1
- 水‥‥小さじ2

飾り
- 柚子の皮のすりおろし‥‥1/3個分
- レモンの皮のすりおろし‥‥1/3個分

準備
* バターと卵は室温にもどす。
* ボウルに薄力粉とベーキングパウダーを入れ、泡立て器でよく混ぜ合わせる。
* オーブンを160℃に温める。
* 型にオーブンシートを敷く。

作り方

1. 大きなボウルに準備したバターを入れ、泡立て器でぐるぐる混ぜてなめらかにする。
2. グラニュー糖を加え、泡立て器でぐるぐる混ぜてバターに完全になじませる。
3. 卵を1個ずつ加え、そのつど泡立て器で混ぜ込む。
4. 合わせておいた粉類を加え、ゴムべらでさっくり混ぜる。
5. 少し粉っぽさが残るくらいで、生地用の柚子とレモンの皮のすりおろしを加え、ゴムべらでさっくり混ぜる。
6. 準備した型に生地を入れ、真ん中が低くなるように表面をならし、縦一直線に1cm深さの線を引く。
7. 160℃のオーブンで25分焼き、取り出してオーブンを140℃に下げ、ケーキの表面をアルミ箔で覆ってさらに45分焼く。スイッチを切ったオーブンの中でそのまま冷まし、型から取り出す。
8. アイシングの材料を小鍋に入れて弱火にかけ、木べらで混ぜながら温める。とろみがついてきたら、素早くケーキの表面にハケで塗り、飾り用の柚子とレモンの皮のすりおろしを散らす。

ぽってりと白かったアイシングも冷えるとしゃりしゃりに固まって、すりガラスのような半透明に。おろしかけた柚子皮の黄色が美しく映える。お茶にあう和風のケーキ。

金柑とクリームチーズのパウンドケーキ

スライスしたときに、とろんと甘く煮た金柑の断面が見えるとなんだかうれしくなる。さいの目に切ったクリームチーズもいっしょに焼き込んだ。金柑の甘煮にはチーズのコクがよく似合う。ほうじ茶を添えて、食後のデザートに。

金柑はころんと小さな丸い形がかわいらしい。細かく刻まず、形を生かして甘煮にしよう。皮が薄いからすぐに煮える。

材 料　24.5cmパウンド型1台分

- バター(食塩不使用)‥‥150g
- 卵‥‥3個
- グラニュー糖‥‥130g
- 薄力粉‥‥200g
- ベーキングパウダー‥‥小さじ1
- 金柑の甘煮(P.20)‥‥180g
- クリームチーズ‥‥60g

準 備

* バターと卵は室温にもどす。
* ボウルに薄力粉とベーキングパウダーを入れ、泡立て器でよく混ぜ合わせる。
* クリームチーズは1.5cm角に切る。
* オーブンを160℃に温める。
* 型にオーブンシートを敷く。

作り方

1　大きなボウルに準備したバターを入れ、泡立て器でぐるぐる混ぜてなめらかにする。

2　グラニュー糖を加え、泡立て器でぐるぐる混ぜてバターに完全になじませる。

3　卵を1個ずつ加え、そのつど泡立て器で混ぜ込む。

4　合わせておいた粉類を加え、ゴムべらでさっくり混ぜる。

5　少し粉っぽさが残るくらいで、金柑の甘煮、半量のクリームチーズを加え、ゴムべらでさっくり混ぜる。

6　準備した型に生地を入れ、真ん中が低くなるように表面をならし、縦一直線に1cm深さの線を引く。

7　残りのクリームチーズを生地に軽く押し込んで並べる。

8　160℃のオーブンで25分焼き、取り出してオーブンを140℃に下げ、ケーキの表面をアルミ箔で覆ってさらに45分焼く。スイッチを切り、そのまま庫内で冷ます。

金柑の甘煮

生のまま皮ごと食べてもおいしい金柑。甘煮にすると皮がたっぷり吸ってジューシーになり、薄い皮が透明感をたたえる。種が多くて取るのがちょっと大変だけど、気がつくと夢中になっている。

材料 作りやすい分量

金柑‥‥1kg
グラニュー糖‥‥金柑の正味量の1/2
水‥‥金柑の正味量の1/3

3 竹串で種を取り除き、その後、重さを量る。

1 金柑は洗って完全に乾かす。

2 ヘタを取り、横半分に切る。

4 鍋に3、3の1/2量のグラニュー糖、1/3量の水を入れ、木べらで全体を混ぜる。

5 中火にかけ、鍋肌のあたりがふつふつしてきたら弱火にし、木べらで混ぜつつ煮詰める。

6 ゆるいとろみがついたら完成(途中、アクが気になるならすくう)。

金柑ピール

金柑の甘煮を乾燥させるだけで、しゃれたお茶請けに。みずみずしいシロップが濃縮して、小さなかたまりの中においしさがぎゅっと詰まる。番茶や紅茶といっしょに。

材料

金柑の甘煮(右ページ)‥‥適量
グラニュー糖‥‥適量

作り方

1　金柑の甘煮をざるにあけ、汁気を切る。
2　1にグラニュー糖をまんべんなくまぶす。
3　乾燥した涼しい場所に置いて、好みのかたさに乾燥させる。

上の写真は1か月乾燥させたもの。左は1週間の半生の状態で、砂糖をまぶしたゼリーのよう。乾燥ぐあいで味も色も変わる。

柚子マーマレードとクリームチーズのパウンドケーキ

オレンジ色の柚子のマーマレードと
小さな角切りの白いクリームチーズが
卵色の生地の中に模様をつくる。
しっとりした生地は柚子の深い香りに包まれ、
よく焼けた表面はかすかにほろ苦い。

クリームチーズの半量を表面に並べてケーキの表情を変えてみる。柚子の皮は食べる直前におろしかけて。

材料　24.5cmパウンド型1台分

バター(食塩不使用)‥‥150g
卵‥‥3個
グラニュー糖‥‥130g
薄力粉‥‥200g
ベーキングパウダー‥‥小さじ1
柚子のマーマレード(P.24)‥‥130g
クリームチーズ‥‥60g
柚子の皮のすりおろし‥‥少々

準備

* バターと卵は室温にもどす。
* ボウルに薄力粉とベーキングパウダーを入れ、泡立て器でよく混ぜ合わせる。
* クリームチーズは1.5cm角に切る。
* オーブンを160℃に温める。
* 型にオーブンシートを敷く。

作り方

1　大きなボウルに準備したバターを入れ、泡立て器でぐるぐる混ぜてなめらかにする。
2　グラニュー糖を加え、泡立て器でぐるぐる混ぜてバターに完全になじませる。
3　卵を1個ずつ加え、そのつど泡立て器で混ぜ込む。
4　合わせておいた粉類を加え、ゴムべらでさっくり混ぜる。
5　少し粉っぽさが残るくらいで柚子のマーマレードと半量のクリームチーズを加え、ゴムべらでさっくり混ぜる。
6　準備した型に生地を入れ、真ん中が低くなるように表面をならし、縦一直線に1cm深さの線を引く。
7　残りのクリームチーズを生地に軽く押し込んで並べる。
8　160℃のオーブンで25分焼き、取り出してオーブンを140℃に下げ、ケーキの表面をアルミ箔で覆ってさらに45分焼く。スイッチを切り、そのまま庫内で冷ます。
9　仕上げに柚子の皮のすりおろしを表面に散らす。

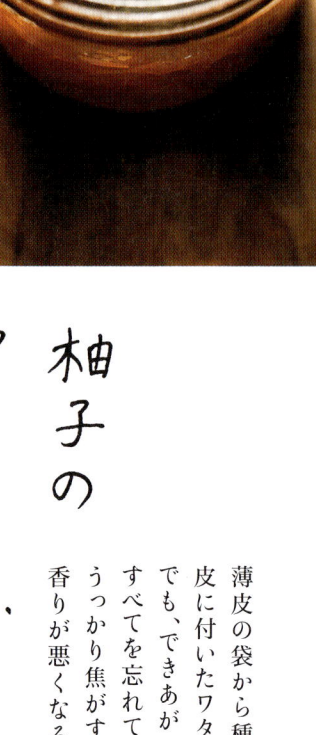

柚子のマーマレード

薄皮の袋から種を探り出すのはけっこう大変。皮に付いたワタを削ぎ取るのも、これまた手間。でも、できあがったマーマレードのおいしさにすべてを忘れてしまう。うっかり焦がすと香りが悪くなるので注意して。

1 準備した柚子を4等分のくし形に切り、皮をむく。薄皮は付けたまま、白いスジと種を取る。こぼれ出た果汁はとっておく。

2 鍋にたっぷりの湯を沸かし、皮を入れて8〜10分ゆで、ざるにあげる。しばらく流水にさらして粗熱を取り、ざるにあげて水気を切る。

3 皮の内側のワタを包丁で削ぎ取り、皮を2〜3mmの細切りにする。

4 1の薄皮付きの実・果汁、3の皮の合計量を量り、その1/2量のグラニュー糖を用意する。すべてを鍋に入れ、木べらで全体を混ぜる。

5 中火にかけ、鍋肌のあたりがふつふつしてきたら弱火にし、木べらで混ぜつつ煮詰める。

6 ゆるいとろみがついたら完成(途中、アクが気になるならすくう)。

材料　作りやすい分量

柚子‥‥3個
グラニュー糖‥‥柚子の正味量の1/2

準備

＊柚子は洗ってヘタを取り除く。

ホット柚子

風邪のとき、のどがイガイガするときに。
寒い日に、部屋から外の景色を眺めながら。
あたたかくて香りのいい飲み物は、
気持ちもカラダもゆるませてくれる。

材料 1杯分

柚子のマーマレード(右ページ)‥‥大さじ2
ハチミツ‥‥小さじ1
レモンのスライス‥‥1枚
水‥‥150㎖

作り方

1 小鍋に水、柚子のマーマレード、ハチミツを入れて中火にかける。
2 軽く混ぜながら温め、鍋肌のあたりがふつふつとしてきたらカップに注ぐ。
3 レモンのスライスを浮かべる。

柚子は香りも味も強くて濃いのに、果肉は案外ふかふか、スカスカ。その落差がおもしろい。料理にもいろいろ使って、余りはお風呂に浮かべて。

リンゴと胡桃のシナモンケーキ

酸っぱいリンゴでジャムを煮て、胡桃をざくざく刻んでケーキを作ろう。リンゴジャムの薄紅色は、焼き込むと茶色に変わって素朴な色合いになる。シナモンはくっきりきかせるのが私の流儀。好みで加減して。

材料　24.5cmパウンド型1台分

- バター（食塩不使用）‥‥150g
- 卵‥‥3個
- グラニュー糖‥‥130g
- 薄力粉‥‥190g
- ベーキングパウダー‥‥小さじ1
- シナモンパウダー‥‥10g
- リンゴのジャム(P.28)‥‥150g
- クルミ‥‥60g

準備

* バターと卵は室温にもどす。
* ボウルに薄力粉、ベーキングパウダー、シナモンパウダーを入れ、泡立て器でよく混ぜ合わせる。
* 形のきれいなクルミを飾り用に8～10個取り分け、残りは粗く刻む。
* オーブンを160℃に温める。
* 型にオーブンシートを敷く。

作り方

1. 大きなボウルに準備したバターを入れ、泡立て器でぐるぐる混ぜてなめらかにする。
2. グラニュー糖を加え、泡立て器でぐるぐる混ぜてバターに完全になじませる。
3. 卵を1個ずつ加え、そのつど泡立て器で混ぜ込む。
4. 合わせておいた粉類を加え、ゴムべらでさっくり混ぜる。
5. 少し粉っぽさが残るくらいでリンゴのジャムと刻んだクルミを加え、ゴムべらでさっくり混ぜる。
6. 準備した型に生地を入れ、真ん中が低くなるように表面をならし、縦一直線に1cm深さの線を引く。
7. 飾り用のクルミを生地に軽く押し込んで並べる。
8. 160℃のオーブンで25分焼き、取り出してオーブンを140℃に下げ、ケーキの表面をアルミ箔で覆ってさらに45分焼く。スイッチを切り、そのまま庫内で冷ます。

枯葉で覆われた森の地面に胡桃が散らばっている。茶色いケーキからそんなことを連想したり・・・。秋の森を味わう気分で胡桃をたくさん並べよう。

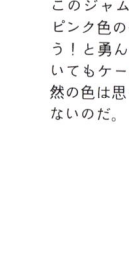

このジャムの色を見て、ピンク色のケーキを作ろう！と勇んだが、何度焼いてもケーキは茶色。自然の色は思うようにならないのだ。

2

1の重量を量り、その1/2量のグラニュー糖を用意し、両方とも鍋に入れて木べらで混ぜる。

3

中火にかけ、鍋肌のあたりがふつふつしてきたら弱火にし、木べらで混ぜつつ煮詰める。

リンゴのジャム

リンゴを煮ているときの時間がたまらなく好き。
皮から紅色が溶け出して、
果肉がピンク色に染まっていく。
時々、夕暮れの空がすごくピンク色になることがある。
ジャムの色を見ながら、あの空のことを想う。

4

煮汁がごく少量に煮詰まったら完成（途中、アクが気になるならすくう）。

1

リンゴは4等分のくし形に切り、芯を種ごと取り除き、2～3mm厚さのいちょう切りにする。

材料　作りやすい分量

リンゴ（あれば紅玉）‥‥2個
グラニュー糖‥‥リンゴの正味量の1/2

準備

＊リンゴは洗って完全に乾かす。

28

リンゴジャムとクリームチーズのパフェ

独立前に働いていた喫茶店にこんなメニューがあった。ジャムにアイスやチーズを重ねながら、むかしの自分の至らなさを思い出す。

材料
リンゴのジャム(右ページ)‥‥大さじ2
クリームチーズ‥‥大さじ1
バニラアイスクリーム‥‥大さじ山盛り2
ホイップクリーム‥‥大さじ1弱
好みのグラノーラ‥‥大さじ2

作り方
1. グラスの底にグラノーラの半量を入れ、バニラアイスクリームの半量を入れる。
2. リンゴのジャムの半量をのせ、クリームチーズの半量をのせる。
3. 残りのバニラアイスクリームをのせ、ホイップクリームをかけ、残りのクリームチーズをのせる。
4. 残りのリンゴのジャムをかけ、残りのグラノーラを散らす。

梅ジャムとチョコのパウンド

いろんな組み合わせでケーキを作ってきたけれど、
いちばん好きなのはこのケーキ。
ほろ苦いチョコレート生地に、耳の下がきゅっと痛くなるほど
酸っぱい梅ジャムを混ぜ込んで焼きあげる。
ジャムを添え、ホイップクリームもかけて食べよう。

材 料　24.5cmパウンド型1台分

- バター(食塩不使用)‥‥150g
- 卵‥‥3個
- グラニュー糖‥‥100g
- 薄力粉‥‥200g
- ベーキングパウダー‥‥小さじ1
- 梅のジャム(P.32)‥‥100g
- チョコレート(ビター)‥‥125g

準 備

* バターと卵は室温にもどす。
* ボウルに薄力粉とベーキングパウダーを入れ、泡立て器でよく混ぜ合わせる。
* チョコレートは電子レンジ(500W)で4分加熱してやわらかくする。
* オーブンを160℃に温める。
* 型にオーブンシートを敷く。

作り方

1. 大きなボウルに準備したバターを入れ、泡立て器でぐるぐる混ぜてなめらかにする。
2. グラニュー糖を加え、泡立て器でぐるぐる混ぜてバターに完全になじませる。
3. 卵を1個ずつ加え、そのつど泡立て器で混ぜ込む。
4. 準備したチョコレートを加え、ゴムべらでまんべんなく混ぜる。
5. 合わせておいた粉類を加え、ゴムべらでさっくり混ぜる。
6. 少し粉っぽさが残るくらいで梅のジャムを加え、ゴムべらでさっくり混ぜる。
7. 準備した型に生地を入れ、真ん中が低くなるように表面をならし、縦一直線に1cm深さの線を引く。
8. 160℃のオーブンで25分焼き、取り出してオーブンを140℃に下げ、ケーキの表面をアルミ箔で覆ってさらに45分焼く。スイッチを切り、そのまま庫内で冷ます。

見た目にはチョコパウンド。ひと口食べると梅の味がいっぱいに広がる。ほろ苦くて、甘くて酸っぱい、年に数回しか焼かない特別なケーキ。

梅のジャム

梅があるとすぐわかる。それだけ香りが強いのだ。
こんなにいい香りなのに生では食べられない。
下手に近づくと痛い目に合う、魅惑の果実。
とにかく酸が強いので砂糖は多めに。鍋は酸に強いものを。

材料　作りやすい分量

南高梅（黄色に熟したもの）‥‥500g
グラニュー糖‥‥梅の正味量の70%

作り方

1　梅は洗って竹串でヘタを取り除く。
2　たっぷりの湯を沸かし、1を入れて1分ほどゆで、ざるにあげる。流水にさらして粗熱を取る。
3　2をもう1〜2回くり返し、ざるにあげて水気を切る。
4　皮ごと手でつぶしながら種を取り除き、果肉の重量を量り、70%量のグラニュー糖を用意する。
5　果肉とグラニュー糖をホーロー鍋に入れ、木べらで全体を混ぜる。
6　中火にかけ、鍋肌のあたりがふつふつしてきたら弱火にし、アクを取りつつ、木べらで混ぜながら煮詰める。
7　へらで引いた線のあとが残るくらいとろみがついたら完成。

梅ジャムのバタートースト

厚切りトーストにバターを溶かし、梅ジャムをたっぷりぬろう。子どもには酸っぱすぎるから、"大人のトースト"と呼んでみる。日差しのような健やかなオレンジ色。夏の朝に似合う味。

材料 1人分

梅のジャム(右ページ)‥‥大さじ1〜2
バター(食塩不使用)‥‥小さじ1
角食パン(厚切り)‥‥1枚

作り方

1 角食パンに十字に切り込みを入れ、トーストする。
2 焼きたてにバターをのせて溶かす。
3 梅のジャムをぬり、切り込みでちぎっていただく。

焼き苺とローズマリーのホワイトチョコケーキ

苺の赤とローズマリーの緑のコントラスト。
苺は焼いて水分を少し抜くと、
生地が水っぽくならず、味も香りも残る。
ローズマリーの強い香りが苦手なら、
量をうんと減らすといい。

材料　24.5cmパウンド型1台分

バター(食塩不使用)‥‥150g
卵‥‥3個
グラニュー糖‥‥100g
薄力粉‥‥200g
ベーキングパウダー‥‥小さじ1
焼き苺(P.36)‥‥150g
ホワイトチョコレート‥‥125g
ドライローズマリー(生地用)‥‥大さじ1/2
ドライローズマリー(飾り用)‥‥大さじ1/4

準備

* バターと卵は室温にもどす。
* ボウルに薄力粉とベーキングパウダーを入れ、泡立て器でよく混ぜ合わせる。
* ホワイトチョコレートは電子レンジ(500W)で4分加熱してやわらかくする。
* オーブンを160℃に温める。
* 型にオーブンシートを敷く。

作り方

1　大きなボウルに準備したバターを入れ、泡立て器でぐるぐる混ぜてなめらかにする。
2　グラニュー糖を加え、泡立て器でぐるぐる混ぜてバターに完全になじませる。
3　卵を1個ずつ加え、そのつど泡立て器で混ぜ込む。
4　準備したホワイトチョコレートを加え、ゴムべらでまんべんなく混ぜる。
5　合わせておいた粉類を加え、ゴムべらでさっくり混ぜる。
6　少し粉っぽさが残るくらいで、焼き苺と生地用のドライローズマリーを加え、ゴムべらでさっくり混ぜる。
7　準備した型に生地を入れ、真ん中が低くなるように表面をならし、縦一直線に1cm深さの線を引く。
8　飾り用のドライローズマリーを表面に散らす。
9　160℃のオーブンで25分焼き、取り出してオーブンを140℃に下げ、ケーキの表面をアルミ箔で覆ってさらに45分焼く。スイッチを切り、そのまま庫内で冷ます。

見た目にはホワイトチョコの存在に気づかないけれど、食べるとバニラミルクのようなコク。苺との相性も抜群。

焼き苺

苺のみずみずしさ、かわいらしい色や形をケーキに生かしたくて、オーブンで焼くことを思いついた。実が縮むほど水分を飛ばさず、半生に仕上げる。オーブン扉のわずかな隙き間から、甘い匂いがあふれ出す。

材料 作りやすい分量

イチゴ‥‥200g（約1パック分）

準備

＊ オーブンを200℃に温める。

作り方

1. イチゴを洗って水気をよく切り、ヘタを切り落とす。
2. 縦半分に切り、切り口を上にして天板に並べる。
3. 200℃のオーブンで10分ほど焼き、こんがりした焼き目がついたら取り出す（焼きすぎに注意）。

焼き苺のバルサミコ煮をアイスクリームにかけて

バルサミコ酢はぶどうから作られる黒ぶどう色の酢。
これを焼き苺にからめてふつふつと煮詰め、
とろりと酸っぱいソースを作る。
甘ったるいバニラアイスがとたんに大人っぽくなる。

材料 作りやすい分量

焼き苺のバルサミコ煮
- 焼き苺(右ページ)‥‥50g
- バルサミコ酢‥‥1/2カップ
- グラニュー糖‥‥大さじ5

バニラアイスクリーム‥‥適量

作り方

1. 鍋に焼き苺、バルサミコ酢、グラニュー糖を入れ、木べらで全体を混ぜる。
2. 中火にかけ、鍋肌のあたりがふつふつしてきたら火を少し弱め、アクを取りつつ煮汁が半量になるまで煮詰める。
3. 保存容器に取り出して粗熱を取り、冷蔵庫で冷やす。
4. 器にアイスクリームを盛り、3を好みの量かける。

甘夏マーマレードと
ローズマリーの
パウンドケーキ

甘夏の皮はけっこう苦い。
でも、甘く煮ると
苦みがおいしさに変わる。
ローズマリーはその名から
バラの甘さを連想するが、
これまたとてもクセがあって苦い。
両方を合わせたら、
お酒にあうケーキができた。

材料　24.5cmパウンド型1台分

バター(食塩不使用)‥‥150g
卵‥‥3個
グラニュー糖‥‥100g
薄力粉‥‥200g
ベーキングパウダー‥‥小さじ1
甘夏のマーマレード(P.40)‥‥150g
ドライローズマリー(生地用)‥‥大さじ1/2
ドライローズマリー(飾り用)‥‥大さじ1/4

準備

* バターと卵は室温にもどす。
* ボウルに薄力粉とベーキングパウダーを入れ、泡立て器でよく混ぜ合わせる。
* オーブンを160℃に温める。
* 型にオーブンシートを敷く。

マーマレードは大量に仕込むと毎度後悔する。こんなにたくさん、いつまでたっても作り終わらない！でも気がつくと引き込まれて熱中しているのも毎度同じこと。

作り方

1　大きなボウルに準備したバターを入れ、泡立て器でぐるぐる混ぜてなめらかにする。
2　グラニュー糖を加え、泡立て器でぐるぐる混ぜてバターに完全になじませる。
3　卵を1個ずつ加え、そのつど泡立て器で混ぜ込む。
4　合わせておいた粉類を加え、ゴムべらでさっくり混ぜる。
5　少し粉っぽさが残るくらいで、甘夏のマーマレードと生地用のドライローズマリーを加え、ゴムべらでさっくり混ぜる。
6　準備した型に生地を入れ、真ん中が低くなるように表面をならし、縦一直線に1cm深さの線を引く。
7　飾り用のドライローズマリーを表面に散らす。
8　160℃のオーブンで25分焼き、取り出してオーブンを140℃に下げ、ケーキの表面をアルミ箔で覆ってさらに45分焼く。スイッチを切り、そのまま庫内で冷ます。

甘夏のマーマレード

甘夏は夏と書くが、採れるのは冬。注文するとたくさん届く。量が多いと、薄皮をむくのに時間がかかる。皮のせん切りも、薄皮をむくのも、切っても切っても終わらない。高い山に登るのって、こんな気分かも。でも苦労の末に、甘苦い、格別のおいしさが待っている。

材料 作りやすい分量

甘夏‥‥2個
グラニュー糖‥‥甘夏の正味量の1/2

準備

＊甘夏は洗ってヘタを取り除く。

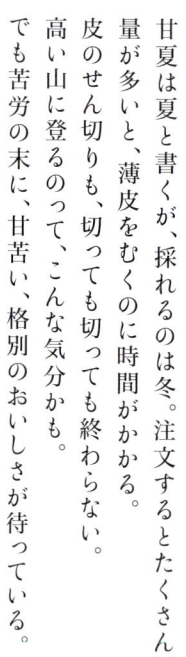

1 準備した甘夏を4等分のくし形に切り、皮をむく。薄皮もむく。こぼれ出た果汁はとっておく。

2 鍋にたっぷりの湯を沸かし、皮を入れて10分ほどゆで、ざるにあげる。しばらく流水にさらして粗熱を取り、ざるにあげて水気を切る。

3 皮の内側のワタを包丁で削ぎ取り、皮を3mmの細切りにする。

4 1の実と果汁、3の皮の合計量を量り、その1/2量のグラニュー糖を用意する。すべてを鍋に入れ、木べらで全体を混ぜる。

5 中火にかけ、鍋肌のあたりがふつふつしてきたら弱火にし、木べらで混ぜつつ煮詰める。

6 煮汁が半分くらいになり、ゆるいとろみがついたら完成（途中、アクが気になるならすくう）。

甘夏ミントソーダ

甘苦くて爽快。夏を目前にした梅雨時に。濃いオレンジ色が上にいくにつれて淡くなり、ミントの緑色が反射してうっすらグリーンに見える。大きな氷を浮かべて、目でも涼もう。

うっとりするくらいきれいな色合い。夏のはじまりを期待させる色だ。ストローで混ぜてミントを軽くつぶしながら飲んで。

材料　1杯分
甘夏のマーマレード(右ページ)‥‥大さじ2
ミント‥‥2g
ハチミツ‥‥小さじ1
炭酸水‥‥150mℓ
氷‥‥適量

作り方
1　グラスに甘夏のマーマレードとミントを入れ、スプーンで軽くつぶして混ぜる。
2　ハチミツを加え、炭酸水を注ぐ。
3　氷を浮かべ、混ぜていただく。

column

Happy birthday to you!
ハッピーバースデイ

ひっそり祝う誕生日には、優美なデコレーションケーキより、
素朴なパウンドケーキがしっくりくる。
好きな色のキャンドルを並べて、
新たな自分に出会う未知の一年をともに祝おう。

ケーキにホイップクリームと刻んだホワイトチョコレートをかけ、赤いドレンチェリーをぽつんとのせる。赤い色があるだけでうれしくなる。

パウンドケーキを包む、贈る。

ケーキを誕生日の贈りものに。
相手を思い浮かべながら草花を選び、
小さなメッセージカードとともに結ぶ。

用意するもの

パウンドケーキのホール
ドライフラワー
植物の葉
ワックスペーパー
メッセージカード
麻ひも
マスキングテープ

ホールケーキの包み方

1 ワックスペーパーでパウンドケーキをくるりと包み、裏側でマスキングテープでとめる。
2 両端をキャラメル包みにし、マスキングテープでとめる。
3 麻ひもを十字にかけて結び、端を長く残して切る。
4 メッセージカードに穴を開け、麻ひもを通す。
5 ドライフラワーと植物の葉を、長く残しておいた麻ひもでケーキにくくりつける。
6 メッセージカードもケーキにくくりつける。

用意するもの

パウンドケーキのスライス
セロファン袋
ドライフラワー
植物の葉
ホッチキス

スライスケーキの包み方

1 セロファン袋にパウンドケーキのスライスを入れる。表面がべとつく場合は、ワックスペーパーで巻いてから入れるといい。
2 袋の口を折りたたみ、ドライフラワーや植物の葉ごと、ホッチキスでとめる。

43

チョコレート、キャラメル、お酒を使って

夜更かししながら楽しむケーキは、
ビターなチョコレート味、甘苦いキャラメル風味、
ちょっと強めのお酒入り、
ほんのり甘い酒粕を焼き込んだケーキなんてのもいい。
静かな夜のひとときの相棒に。

チョコと柚子マーマレードと花椒のケーキ

チョコレートのビターな甘さに、しびれる辛さの花椒を合わせてみた。
仲を取り持つのは柚子の香り。不思議な素材合わせがクセになるらしく、
あのケーキ、今月もありますか？　とよく訊かれる。

チョコと柚子マーマレードと花椒のケーキ

材料　24.5cmパウンド型1台分

バター(食塩不使用)‥‥150g
卵‥‥3個
グラニュー糖‥‥100g
薄力粉‥‥200g
ベーキングパウダー‥‥小さじ1
チョコレート(ビター)‥‥125g
柚子のマーマレード(P.24)‥‥125g
花椒(ホアジャオ・生地用)‥‥大さじ1
花椒(飾り用)‥‥好みで大さじ1/2〜1

準備

* バターと卵は室温にもどす。
* 生地用の花椒はすり鉢ですりつぶす。
* ボウルに薄力粉、ベーキングパウダー、すりつぶした生地用の花椒を入れ、泡立て器でよく混ぜ合わせる。
* チョコレートは電子レンジ(500W)で4分加熱してやわらかくする。
* オーブンを160℃に温める。
* 型にオーブンシートを敷く。

作り方

1. 大きなボウルに準備したバターを入れ、泡立て器でぐるぐる混ぜてなめらかにする。
2. グラニュー糖を加え、泡立て器でぐるぐる混ぜてバターに完全になじませる。
3. 卵を1個ずつ加え、そのつど泡立て器で混ぜ込む。
4. 準備したチョコレートを加え、ゴムべらでまんべんなく混ぜる。
5. 合わせておいた粉類を加え、ゴムべらでさっくり混ぜる。
6. 少し粉っぽさが残るくらいで柚子のマーマレードを加え、ゴムべらでさっくり混ぜる。
7. 準備した型に生地を入れ、真ん中が低くなるように表面をならし、縦一直線に1cm深さの線を引く。
8. 飾り用の花椒を指でつぶしながら表面に散らす。
9. 160℃のオーブンで25分焼き、取り出してオーブンを140℃に下げ、ケーキの表面をアルミ箔で覆ってさらに45分焼く。スイッチを切り、そのまま庫内で冷ます。

花椒は麻婆豆腐などで使う中国の山椒。ビリビリとしびれるような辛さに最初は驚いたけど、チョコと柚子の力を借りて手なずけた。辛いのが苦手な人は量を少なめに。チョコはミルクではなく絶対にビターを。

チョコとバナナのパウンドケーキ

いろいろなイベントでケーキを売っていると、小さな子どもを連れたお母さんによく出会う。チョコとバナナのこんなシンプルな組み合わせなら、子どもたちにも食べやすいかな。ホイップクリームをかけるとなおおいしい。

このケーキには深煎りのコーヒーがよくあう。好きな音楽でも聴きながら、ほろ苦いブラックコーヒーといっしょに。

材料　24.5cmパウンド型1台分

バター（食塩不使用）‥‥150g
卵‥‥3個
グラニュー糖‥‥100g
薄力粉‥‥200g
ベーキングパウダー‥‥小さじ1
チョコレート（ビター）‥‥125g
バナナ（生地用）‥‥150g
バナナ（飾り用）‥‥50g

準備

* バターと卵は室温にもどす。
* ボウルに薄力粉とベーキングパウダーを入れ、泡立て器でよく混ぜ合わせる。
* チョコレートは電子レンジ（500W）で4分加熱してやわらかくする。
* バナナはすべて3mm厚さにスライスする。
* オーブンを160℃に温める。
* 型にオーブンシートを敷く。

作り方

1　大きなボウルに準備したバターを入れ、泡立て器でぐるぐる混ぜてなめらかにする。
2　グラニュー糖を加え、泡立て器でぐるぐる混ぜてバターに完全になじませる。
3　卵を1個ずつ加え、そのつど泡立て器で混ぜ込む。
4　準備したチョコレートを加え、ゴムべらでまんべんなく混ぜる。
5　合わせておいた粉類を加え、ゴムべらでさっくりと混ぜ合わせる。
6　少し粉っぽさが残るくらいで生地用のバナナを加え、ゴムべらでさっくり混ぜる。
7　準備した型に生地を入れ、真ん中が低くなるように表面をならし、縦一直線に1cm深さの線を引く。
8　飾り用のバナナを表面に並べる。
9　160℃のオーブンで25分焼き、取り出してオーブンを140℃に下げ、ケーキの表面をアルミ箔で覆ってさらに45分焼く。スイッチを切り、そのまま庫内で冷ます。

キャラメルまみれのバナナを
生地に混ぜ、食べるときにも
添えよう。ホイップクリーム
をかけ、木の実も散らして。

焦がしバナナと木の実のパウンドケーキ

キャラメル味のお菓子はおいしい。
バナナを入れるともっとおいしい。
名前は「キャラメルバナナ」
でもいいんだけど、
「焦がしバナナ」のほうが
興味をそそられるかも。
表面にはざくざくの木の実をたっぷり。
中はしっとりバナナ味。

50

材料　24.5cmパウンド型1台分

バター（食塩不使用）‥‥150g
卵‥‥3個
グラニュー糖‥‥130g
薄力粉‥‥200g
ベーキングパウダー‥‥小さじ1
焦がしバナナ(P.52)‥‥200g（キャラメルごと）
木の実（アーモンド、カシューナッツ、ピスタチオなどを合わせる）‥‥30g

準　備
* バターと卵は室温にもどす。
* ボウルに薄力粉とベーキングパウダーを入れ、泡立て器でよく混ぜ合わせる。
* 木の実は粗く刻む。
* オーブンを160℃に温める。
* 型にオーブンシートを敷く。

作り方
1　大きなボウルに準備したバターを入れ、泡立て器でぐるぐる混ぜてなめらかにする。
2　グラニュー糖を加え、泡立て器でぐるぐる混ぜてバターに完全になじませる。
3　卵を1個ずつ加え、そのつど泡立て器で混ぜ込む。
4　合わせておいた粉類を加え、ゴムべらでさっくり混ぜる。
5　少し粉っぽさが残るくらいで焦がしバナナを加え、ゴムべらでさっくり混ぜる。
6　準備した型に生地を入れ、真ん中が低くなるように表面をならし、縦一直線に1cm深さの線を引く。
7　刻んだ木の実を表面に散らす。
8　160℃のオーブンで25分焼き、取り出してオーブンを140℃に下げ、ケーキの表面をアルミ箔で覆ってさらに45分焼く。スイッチを切り、そのまま庫内で冷ます。

焦がしバナナ

キャラメル作りは焦がしすぎても焦がし足りなくてもおいしくない。熱湯の代わりに水を使うのもダメ。失敗と火傷に注意して、甘いバナナをほろ苦いキャラメルで縁取ろう。

材料 作りやすい分量
バナナ‥‥正味200g（約2本分）
グラニュー糖‥‥100g
水‥‥25mℓ
熱湯‥‥60mℓ

作り方

1. バナナの果肉から白いスジを取り除き、3mm厚さにスライスする。
2. フライパンにグラニュー糖と水を入れ、中火にかける。溶けてまわりが色づいてきたら、フライパンをゆすって全体をまんべんなく色づける。
3. 全体が焦げ茶色になったら火を止め、すぐに熱湯を木べらにそわせて注ぎ入れ（飛び散るので火傷に注意）、混ぜて溶かす。
4. 再び火にかけ、1を加えて手早く煮からめ、器に取り出して冷ます。

焦がしバナナとアイスクリーム

甘く、ほろ苦く、クリーミーで冷たい、
おいしいバランスのおやつ。
グラノーラは雑穀やナッツ入り、
ドライフルーツ入りなど
好みのもので自由に楽しんで。

<u>材料</u> 1人分
焦がしバナナ(右ページ)‥‥大さじ山盛り2
バニラアイスクリーム‥‥大さじ山盛り2
好みのグラノーラ‥‥大さじ2
ホイップクリーム‥‥大さじ1

アイスクリームの表面がうっすら溶けてきたら、焦がしバナナとグラノーラといっしょにすくってめしあがれ。

グラスに好みのグラノーラと焦がしバナナを半量ずつ入れる。バニラアイスクリームをのせ、ホイップクリームをかけ、残りの焦がしバナナとグラノーラをトッピング。

店のあちこちに友人やお客さんから贈られた手作りクラフトがある。竹細工の子馬もそのひとつ。

店の近くに有名な桜並木がある。花の
季節には通りが薄ピンク色に染まる。
空から降ってくるさまは雪のよう。

桜と酒粕のパウンドケーキ

桜花の塩漬けは
スパイスのような独特の香り。
酒粕の甘くこなれた発酵風味を合わせて、
甘じょっぱい春のケーキを焼いてみた。
ホイップクリームと塩抜きした花をのせ、
ケシの実を散らして、桜湯を添えて。

桜と酒粕の
パウンドケーキ

材料　24.5cmパウンド型1台分

バター(食塩不使用)‥‥150g
卵‥‥3個
グラニュー糖‥‥130g
薄力粉‥‥220g
ベーキングパウダー‥‥小さじ1
桜花の塩漬け‥‥40g
酒粕(生ペースト)‥‥60g

準備

* バターと卵は室温にもどす。
* ボウルに薄力粉とベーキングパウダーを入れ、泡立て器でよく混ぜ合わせる。
* 桜花の塩漬けは水に10分浸して塩抜きする。水気を絞り、粗みじん切りにする。
* オーブンを160℃に温める。
* 型にオーブンシートを敷く。

作り方

1　大きなボウルに準備したバターを入れ、泡立て器でぐるぐる混ぜてなめらかにする。
2　グラニュー糖を加え、泡立て器でぐるぐる混ぜてバターに完全になじませる。
3　酒粕を加え、泡立て器でよく混ぜる。
4　卵を1個ずつ加え、そのつど泡立て器で混ぜ込む。
5　合わせておいた粉類を加え、ゴムべらに替えてさっくりと混ぜ合わせる。
6　少し粉っぽさが残るくらいで準備した桜花を加え、ゴムべらでさっくり混ぜる。
7　準備した型に生地を入れ、真ん中が低くなるように表面をならし、縦一直線に1cm深さの線を引く。
8　160℃のオーブンで25分焼き、取り出してオーブンを140℃に下げ、ケーキの表面をアルミ箔で覆ってさらに45分焼く。スイッチを切り、そのまま庫内で冷ます。

桜花の塩漬けには八重桜を使うことが多いという。ソメイヨシノよりも色が濃く、塩抜き中に見惚れてしまう。

酒粕の鼻にぬける香りが好き(写真右／酒粕の生ペースト)。思えば子どものころから好きだった。板状の酒粕を焼いておやつ代わりにかじったり。甘酒も好物だった。

ドライフルーツと
ラム酒の
パウンドケーキ

赤と緑のドレンチェリーがきらきら光る、どこか懐かしいフルーツケーキ。中にはラム酒漬けのドライフルーツ、表面にはラム酒風味のアンズシロップ。切るたびにお酒のいい香り。

ドライフルーツの
ラム酒漬け

材料 作りやすい分量

ドライレーズン‥‥100g
ドライイチジク‥‥100g
ドライプルーン(種抜き)‥‥100g
ラム酒(ダーク)‥‥適量

1. ドライイチジクは1cm角に切り、ドライプルーンは半分に切る。
2. すべてのドライフルーツを保存容器に入れ、ラム酒をひたひたに注ぐ。
3. 蓋をして、冷暗所で1週間漬ける。

飴玉みたいで宝石みたいな
ドレンチェリー。焼きあが
りを想像しながら、自由な
配色でケーキを彩ろう。

材料　24.5cmパウンド型1台分

バター(食塩不使用)‥‥150g
卵‥‥3個
グラニュー糖‥‥100g
薄力粉‥‥200g
ベーキングパウダー‥‥小さじ1
ドライフルーツのラム酒漬け(右ページ)‥‥200g
ドレンチェリー(赤・緑)‥‥合計50g
ラム酒(ダーク)‥‥大さじ1
アンズシロップ
　┌アンズジャム(市販)‥‥大さじ2
　└ラム酒(ダーク)‥‥大さじ2

準備

＊バターと卵は室温にもどす。
＊ボウルに薄力粉とベーキングパウダーを入れ、泡立て器でよく混ぜ合わせる。
＊ドレンチェリーは半分に切る。
＊オーブンを160℃に温める。
＊型にオーブンシートを敷く。

作り方

1　大きなボウルに準備したバターを入れ、泡立て器でぐるぐる混ぜてなめらかにする。
2　グラニュー糖を加え、泡立て器でぐるぐる混ぜてバターに完全になじませる。
3　卵を1個ずつ加え、そのつど泡立て器で混ぜ込む。
4　合わせておいた粉類を加え、ゴムべらでさっくり混ぜる。
5　少し粉っぽさが残るくらいで、ドライフルーツのラム酒漬け、半量のドレンチェリー、ラム酒を加え、ゴムべらでさっくり混ぜる。
6　準備した型に生地を入れ、真ん中が低くなるように表面をならし、縦一直線に1cm深さの線を引く。
7　残りのドレンチェリーを切り口を下にして生地に軽く押し込んで並べる。
8　160℃のオーブンで25分焼き、取り出してオーブンを140℃に下げ、ケーキの表面をアルミ箔で覆ってさらに45分焼く。スイッチを切ったオーブンの中でそのまま冷まし、型から取り出す。
9　アンズシロップの材料をごく小さな鍋に入れ、中火で熱してアルコール分をとばし、ハケでケーキの表面にぬる。

木の実と
チョコとコーヒーの
パウンドケーキ

ビターチョコレートにコーヒーの味を重ねた
男の人っぽいケーキ。
木の実はざくざく大きく切って、
たっぷりのせよう。
焼けた木の実の香ばしさとかりかりした食感が
チャームポイントになる。

材料　24.5cmパウンド型1台分

- バター(食塩不使用)‥‥150g
- 卵‥‥3個
- グラニュー糖‥‥100g
- 薄力粉‥‥200g
- ベーキングパウダー‥‥小さじ1
- 木の実(アーモンド、カシューナッツ、ピスタチオなどを合わせる)‥‥30g
- チョコレート(ビター)‥‥125g
- インスタントコーヒー(粉)‥‥大さじ1

準備

* バターと卵は室温にもどす。
* ボウルに薄力粉、インスタントコーヒー、ベーキングパウダーを入れ、泡立て器でよく混ぜ合わせる。
* 木の実は粗く刻む。
* チョコレートは電子レンジ(500W)で4分加熱してやわらかくする。
* オーブンを160℃に温める。
* 型にオーブンシートを敷く。

作り方

1. 大きなボウルに準備したバターを入れ、泡立て器でぐるぐる混ぜてなめらかにする。
2. グラニュー糖を加え、泡立て器でぐるぐる混ぜてバターに完全になじませる。
3. 卵を1個ずつ加え、そのつど泡立て器で混ぜ込む。
4. 準備したチョコレートを加え、ゴムべらでまんべんなく混ぜる。
5. 合わせておいた粉類を加え、ゴムべらでさっくりと混ぜ合わせる。
6. 準備した型に生地を入れ、真ん中が低くなるように表面をならし、縦一直線に1cm深さの線を引く。
7. 刻んだ木の実を表面に散らす。
8. 160℃のオーブンで25分焼き、取り出してオーブンを140℃に下げ、ケーキの表面をアルミ箔で覆ってさらに45分焼く。スイッチを切り、そのまま庫内で冷ます。

インスタントコーヒーはケーキにほろ苦さを与える便利な材料。色も深い茶色に染まる。

カボチャのキャラメルケーキ

キャラメルで煮たカボチャで作るハロウィンのケーキ。実の山吹色と皮の緑色から、偶然のモザイク模様が生まれる。焼いている間に生地にキャラメルがにじんであったかい深い色に焼きあがる。

材料　24.5cmパウンド型1台分

バター(食塩不使用)‥‥150g
卵‥‥3個
グラニュー糖‥‥130g
薄力粉‥‥200g
ベーキングパウダー‥‥小さじ1
カボチャのキャラメル煮(P.64)‥‥200g(キャラメルごと)
カボチャの種(市販)‥‥大さじ2

準備
＊ バターと卵は室温にもどす。
＊ ボウルに薄力粉とベーキングパウダーを入れ、泡立て器でよく混ぜ合わせる。
＊ オーブンを160℃に温める。
＊ 型にオーブンシートを敷く。

作り方

1　大きなボウルに準備したバターを入れ、泡立て器でぐるぐる混ぜてなめらかにする。

2　グラニュー糖を加え、泡立て器でぐるぐる混ぜてバターに完全になじませる。

3　卵を1個ずつ加え、そのつど泡立て器で混ぜ込む。

4　合わせておいた粉類を加え、ゴムべらでさっくり混ぜる。

5　少し粉っぽさが残るくらいでカボチャのキャラメル煮を加え、ゴムべらでさっくり混ぜる。

6　準備した型に生地を入れ、真ん中が低くなるように表面をならし、縦一直線に1cm深さの線を引く。

7　表面にカボチャの種を散らす。

8　160℃のオーブンで25分焼き、取り出してオーブンを140℃に下げ、ケーキの表面をアルミ箔で覆ってさらに45分焼く。スイッチを切り、そのまま庫内で冷ます。

キャラメルカボチャのほろ苦い甘さがこのケーキの魅力。ほっくりしておやつ向き。

カボチャのキャラメル煮

野菜の中でいちばんケーキに向いているのがカボチャ。
しょうゆで煮た煮物のおいしさから、
キャラメルで煮ることをふと思いついた。
しょうゆとキャラメルはどこか似ているのだ。

材料　作りやすい分量

カボチャ(種とワタを除く)‥‥200g
グラニュー糖‥‥50g
水‥‥大さじ1
熱湯‥‥大さじ2

作り方

1　カボチャは1cm角に切り、耐熱容器に入れてラップフィルムをふわっとかけ、電子レンジ(500W)で5分加熱する。
2　フライパンにグラニュー糖と水を入れ、中火にかける。溶けてまわりが色づいてきたら、フライパンをゆすって全体をまんべんなく色づける。
3　全体が焦げ茶色になったら火を止め、すぐに熱湯を木べらにそわせて注ぎ入れ(飛び散るので火傷に注意)、混ぜて溶かす。
4　再び火にかけ、1を加えて手早く煮からめ、器に取り出して冷ます。

材料　2〜3人分
カボチャのキャラメル煮(右ページ)‥‥70g
メープルシロップ‥‥好みで適量
好みのパン(スライス)‥‥3〜4枚

作り方
1　カボチャのキャラメル煮をフォークで軽くつぶす。
2　好みのパンをトーストする。
3　2に1をつぶしながらぬり、メープルシロップをかけていただく。

キャラメルカボチャのメープルトースト

キャラメルがしみ込んだカボチャはねっとりとしておいしい。
お豆を煮て作るあんこに似ていてパンにもとてもよくあう。
バゲットでも食パンでも好みのパンをトーストして、ぽってり厚めにぬろう。

ブルーベリーとピスタチオのホワイトチョコケーキ

ブルーベリーは、名前は青。ジャムに煮ると紅紫になり、ケーキに混ぜ込むと生地はグレーがかった色になる。なんてカッコいいのだろう。予想していなかった色合いに、スライスする手が思わず止まる。

材料　24.5cmパウンド型1台分

- バター（食塩不使用）‥‥150g
- 卵‥‥3個
- グラニュー糖‥‥70g
- 薄力粉‥‥200g
- ベーキングパウダー‥‥小さじ1
- ブルーベリーのジャム（左ページ）‥‥100g
- ピスタチオ‥‥30g
- ホワイトチョコレート‥‥135g

準備

- バターと卵は室温にもどす。
- ボウルに薄力粉とベーキングパウダーを入れ、泡立て器でよく混ぜ合わせる。
- ピスタチオは粗く刻む。
- ホワイトチョコレートは電子レンジ（500W）で4分加熱してやわらかくする。
- オーブンを160℃に温める。
- 型にオーブンシートを敷く。

作り方

1. 大きなボウルに準備したバターを入れ、泡立て器でぐるぐる混ぜてなめらかにする。
2. グラニュー糖を加え、泡立て器でぐるぐる混ぜてバターに完全になじませる。
3. 卵を1個ずつ加え、そのつど泡立て器で混ぜ込む。
4. 準備したホワイトチョコレートを加え、ゴムべらでまんべんなく混ぜる。
5. 合わせておいた粉類を加え、ゴムべらでさっくり混ぜる。
6. 少し粉っぽさが残るくらいで、ブルーベリーのジャムとピスタチオを加え、ゴムべらでさっくり混ぜる。
7. 準備した型に生地を入れ、真ん中が低くなるように表面をならし、縦一直線に1cm深さの線を引く。
8. 160℃のオーブンで25分焼き、取り出してオーブンを140℃に下げ、ケーキの表面をアルミ箔で覆ってさらに45分焼く。スイッチを切り、そのまま庫内で冷ます。

ブルーベリーのジャム

材料　作りやすい分量

ブルーベリー‥‥250g
グラニュー糖‥‥125g
レモン果汁‥‥10g

店から15分も歩くと畑や果樹園がある。梅雨前から夏にかけて地物のブルーベリーが買える。

作り方

1. ブルーベリーは洗い、完全に乾かす。ヘタが残っていたら取り除く。
2. 小鍋にブルーベリーを入れて中火にかけ、木べらで軽くつぶしながら煮る(半分くらい粒を残す)。
3. 果汁が溶け出てぐつぐつしてきたら、弱火にして混ぜながら10分ほど煮る。
4. グラニュー糖を加え、混ぜながら2分ほど煮たら、レモン果汁を加えて混ぜながら3分煮る。

サツマイモとクリームチーズのシナモンケーキ

飴をからめたサツマイモとクリームチーズをちりばめ、
シナモンをふわりと香らせた。黄と白の色のコントラストの楽しさも手伝って、
イベントに売りに行くといつも女子たちの人気の的。

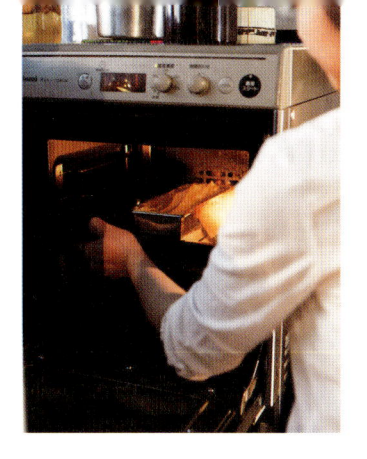

作り方

1. 大きなボウルに準備したバターを入れ、泡立て器でぐるぐる混ぜてなめらかにする。
2. グラニュー糖を加え、泡立て器でぐるぐる混ぜてバターに完全になじませる。
3. 卵を1個ずつ加え、そのつど泡立て器で混ぜ込む。
4. 合わせておいた粉類を加え、ゴムべらでさっくり混ぜる。
5. 少し粉っぽさが残るくらいで、サツマイモの飴煮とクリームチーズ45gを加え、ゴムべらでさっくり混ぜる。
6. 準備した型に生地を入れ、真ん中が低くなるように表面をならし、縦一直線に1cm深さの線を引く。
7. 残りのクリームチーズを生地に軽く押し込んで並べる。
8. 160℃のオーブンで25分焼き、取り出してオーブンを140℃に下げ、ケーキの表面をアルミ箔で覆ってさらに45分焼く。スイッチを切り、そのまま庫内で冷ます。

材料　24.5cmパウンド型1台分

バター(食塩不使用)‥‥150g
卵‥‥3個
グラニュー糖‥‥130g
薄力粉‥‥190g
ベーキングパウダー‥‥小さじ1
シナモンパウダー‥‥10g
サツマイモの飴煮(下記)‥‥150g
クリームチーズ‥‥65g

準備

* バターと卵は室温にもどす。
* ボウルに薄力粉、ベーキングパウダー、シナモンパウダーを入れ、泡立て器でよく混ぜ合わせる。
* クリームチーズは1.5cm角に切る。
* オーブンを160℃に温める。
* 型にオーブンシートを敷く。

サツマイモの飴煮は、サツマイモをゆでずに電子レンジで加熱すると、煮くずれせず仕上がる。

サツマイモの飴煮

材料　作りやすい分量

サツマイモ‥‥300g
グラニュー糖‥‥100g
水‥‥50ml

作り方

1. サツマイモは1cm角に切り、水にさらす。水気を軽く切って耐熱皿に並べ、ラップフィルムをふわっとかけ、電子レンジ(500W)で8分加熱する。
2. フライパンにグラニュー糖と水を入れ、中火にかける。溶けてぐつぐつしてきたら、1を入れて手早く煮からめる。

リンゴとピンクペッパーのチョコパウンド

ほろ苦いビターチョコレートにリンゴジャムの甘酸っぱさ。美しい深紅の粒はピンクペッパー。胡椒ほど辛みが強くなく、さわやかなピリピリ感。

材料　24.5cmパウンド型1台分

- バター(食塩不使用)‥‥150g
- 卵‥‥3個
- グラニュー糖‥‥100g
- 薄力粉‥‥200g
- ベーキングパウダー‥‥小さじ1
- リンゴのジャム(P.28)‥‥150g
- ピンクペッパー(生地用)‥‥大さじ1
- ピンクペッパー(飾り用)‥‥小さじ1
- チョコレート(ビター)‥‥125g

準備

* バターと卵は室温にもどす。
* ボウルに薄力粉とベーキングパウダーを入れ、生地用のピンクペッパーを指でつぶして加え、泡立て器でよく混ぜ合わせる。
* チョコレートは電子レンジ(500W)で4分加熱してやわらかくする。
* 型にオーブンシートを敷く。
* オーブンを160℃に温める。

リンゴの赤色は焼くとあせるが、ピンクペッパーの色は変わらず残る。このケーキはチョコレートソースを添えるといっそう美味。

作り方

1. 大きなボウルに準備したバターを入れ、泡立て器でぐるぐる混ぜてなめらかにする。
2. グラニュー糖を加え、泡立て器でぐるぐる混ぜてバターに完全になじませる。
3. 卵を1個ずつ加え、そのつど泡立て器で混ぜ込む。
4. 準備したチョコレートを加え、ゴムべらでまんべんなく混ぜる。
5. 合わせておいた粉類を加え、ゴムべらでさっくり混ぜる。
6. 少し粉っぽさが残るくらいでリンゴのジャムを加え、ゴムべらでさっくり混ぜる。
7. 準備した型に生地を入れ、真ん中が低くなるように表面をならし、縦一直線に1cm深さの線を引く。
8. 飾り用のピンクペッパーを指でつぶしながら表面に散らす。
9. 160℃のオーブンで25分焼き、取り出してオーブンを140℃に下げ、ケーキの表面をアルミ箔で覆ってさらに45分焼く。スイッチを切り、そのまま庫内で冷ます。

column

For the Christmas holidays
クリスマスの日に

12月も半ばを過ぎると、
街路樹がイルミネーションで彩られる。
その下を人びとがせわしなく行き交い、
街がにわかに賑わう。
私も店に明かりを灯し、ツリーを飾り、
ケーキを焼いて聖夜を待つ。

開店祝いに友人から贈られたクリスマスツリー。シックな風情が店に落ち着きと華やぎを与えてくれる。

クリスマスにケーキを焼くなら、ラム酒をたっぷりきかせよう。緑と赤のドレンチェリーも忘れずに。つやつや光って、ツリーの飾りのようだから。

スパイス、お茶、干した果実、木の実を使って

スパイスやお茶の葉を生地に混ぜて、
どこにもない素敵な香りのケーキを焼こう。
干したアンズにイチジク、梅の実、ショウガ、胡麻に胡桃。
想像力を羽ばたかせ、自由な組み合わせで
どこにもない個性的なケーキを焼こう。

リンゴと赤いスパイスのパウンドケーキ

シナモン、チリパウダー、ピンクペッパー、花椒。絵を描くように4つのスパイスを組み合わせていった。リンゴのジャムもたっぷり焼き込んであるから、しっとりとして甘酸っぱい。

リンゴと赤いスパイスのパウンドケーキ

材料　24.5cmパウンド型1台分

バター(食塩不使用)‥‥150g
卵‥‥3個
グラニュー糖‥‥130g
薄力粉‥‥200g
ベーキングパウダー‥‥小さじ1
リンゴのジャム(P.28)‥‥200g
ピンクペッパー‥‥小さじ1
花椒(ホアジャオ)‥‥小さじ1/2
チリパウダー‥‥小さじ1/2
シナモンパウダー‥‥小さじ1/2

準備

* バターと卵は室温にもどす。
* ピンクペッパーと花椒は指でつぶす。
* ボウルに薄力粉、ベーキングパウダー、つぶしたピンクペッパーと花椒、チリパウダー、シナモンパウダーを入れ、泡立て器でよく混ぜ合わせる。
* オーブンを160℃に温める。
* 型にオーブンシートを敷く。

作り方

1. 大きなボウルに準備したバターを入れ、泡立て器でぐるぐる混ぜてなめらかにする。
2. グラニュー糖を加え、泡立て器でぐるぐる混ぜてバターに完全になじませる。
3. 卵を1個ずつ加え、そのつど泡立て器で混ぜ込む。
4. 合わせておいた粉類を加え、ゴムべらでさっくり混ぜる。
5. 少し粉っぽさが残るくらいでリンゴのジャムを加え、ゴムべらでさっくり混ぜる。
6. 準備した型に生地を入れ、真ん中が低くなるように表面をならし、縦一直線に1cm深さの線を引く。
7. 160℃のオーブンで25分焼き、取り出してオーブンを140℃に下げ、ケーキの表面をアルミ箔で覆ってさらに45分焼く。スイッチを切り、そのまま庫内で冷ます。

リンゴとみかんの
ホットワイン

<u>材料</u> 作りやすい分量
リンゴ‥‥1/2個
みかん‥‥2個
赤ワイン‥‥720㎖
クローブ‥‥3個
ショウガ‥‥1かけ
ラム酒(ダーク)‥‥小さじ1
グラニュー糖‥‥30g
シナモンスティック‥‥適量

1 リンゴは縦半分に切り、薄いいちょう切りにする。みかんは皮をむいて白いスジを取り、薄い輪切りにする。ショウガも薄切りにする。
2 保存容器にシナモンスティック以外の材料を入れ、軽くかき混ぜる。蓋をして冷暗所で1週間漬ける。
3 温めてグラスに入れ、シナモンスティックで混ぜながらいただく。

ケーキの味は合わせる飲み物でも変わる。果実とスパイスを漬け込んだホットワインは、ケーキのスパイス香をいっそう豊かにする。ケーキにはホイップクリームとリンゴのジャムをかけ、4つのスパイスをほんの少し散らして。

スパイスジンジャーとジャスミン茶のパウンドケーキ

ジャスミン茶の香りに
スパイスで甘く煮たショウガを組み合わせる。
さわやかだけど、どこか熱いアジアの味。

材料　24.5cmパウンド型1台分

- バター（食塩不使用）‥‥150g
- 卵‥‥3個
- グラニュー糖‥‥130g
- 薄力粉‥‥220g
- ベーキングパウダー‥‥小さじ1
- スパイスジンジャー（P.80）‥‥100g
- ジャスミン茶（茶葉）‥‥5g

準備

- ＊ バターと卵は室温にもどす。
- ＊ ボウルに薄力粉とベーキングパウダーを入れ、泡立て器でよく混ぜ合わせる。
- ＊ ジャスミン茶はすり鉢で粗くすりつぶす。
- ＊ オーブンを160℃に温める。
- ＊ 型にオーブンシートを敷く。

作り方

1. 大きなボウルに準備したバターを入れ、泡立て器でぐるぐる混ぜてなめらかにする。
2. グラニュー糖を加え、泡立て器でぐるぐる混ぜてバターに完全になじませる。
3. 卵を1個ずつ加え、そのつど泡立て器で混ぜ込む。
4. 合わせておいた粉類を加え、ゴムべらでさっくり混ぜる。
5. 少し粉っぽさが残るくらいでスパイスジンジャーとジャスミン茶を加え、ゴムべらでさっくり混ぜる。
6. 準備した型に生地を入れ、真ん中が低くなるように表面をならし、縦一直線に1cm深さの線を引く。
7. 160℃のオーブンで25分焼き、取り出してオーブンを140℃に下げ、ケーキの表面をアルミ箔で覆ってさらに45分焼く。スイッチを切り、そのまま庫内で冷ます。

茶葉に混じるジャスミンの白い花びら。香りが強く、とても個性的。スパイスジンジャー(写真左)はじつはシロップをとったあとの残り。ケーキに焼き込んだら独特の風味になった。

ジンジャーシロップとスパイスジンジャー

ジンジャーエールが大好きでいろんなレシピを試したけれど、思う味にならない。既存のレシピから離れたとたん、すっと味が決まった。自由に軽やかに——いつも自分に言い聞かせている。

材料　作りやすい分量

- ショウガ‥‥200g
- きび砂糖‥‥200g
- 花椒（ホアジャオ）‥‥6粒
- カルダモンの種子（さやから取り出す）‥‥2個分
- ピンクペッパー‥‥8粒
- シナモンスティック‥‥2g
- 水‥‥100mℓ
- レモン果汁‥‥40mℓ

---

1 ショウガは薄切りにし、2mmの細切りにする。

2 鍋にレモン果汁以外の材料を入れ、中火にかける。

3 きび砂糖が溶けて、鍋肌のあたりがふつふつしてきたら火を少し弱め、煮汁が2/3になるまで木べらで混ぜながら煮詰める。

4 目の細かいざるをボウルに重ね、3をあけて粗熱を取る。

5 ボウルに落ちた液体がジンジャーシロップになり、ざるに残ったものがスパイスジンジャーになる。

6 ざるの中からシナモンスティックを取り除き、残りを手でぎゅっと握ってシロップを残らず絞り取る。シロップにはレモン果汁を混ぜる。

ホットジンジャー

寒い日や風邪をひいたときに。
布団に半分もぐり込みながら
飲むのも好き。
お行儀悪いけど。

自家製ジンジャーエール

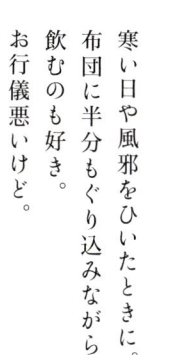

夏の暑い日に。
甘くて辛くてスカッとする。
辛いのは苦手なのに、
どういうわけか、
いつも辛さに惹かれる。

材料　1杯分

ジンジャーシロップ(右ページ)‥‥50㎖
レモンのスライス‥‥1枚
炭酸水‥‥150㎖
氷‥‥適量

作り方

1　グラスにジンジャーシロップを入れ、炭酸水を注ぐ。
2　氷とレモンのスライスを浮かべ、混ぜていただく。

材料　1杯分

ジンジャーシロップ(右ページ)‥‥50㎖
熱湯‥‥175㎖
レモンスのスライス‥‥1枚

作り方

1　カップにジンジャーシロップを入れ、熱湯を注いで混ぜて溶かす。
2　レモンのスライスを浮かべる。

スパイスジンジャーと梅ジャムのパウンドケーキ

辛みも香りも強いショウガと酸味の強い梅ジャムの組み合わせは、大人向けの個性的な味。ジャムの水分でしっとりと焼きあがる。

材料　24.5cmパウンド型1台分

バター（食塩不使用）‥‥150g
卵‥‥3個
グラニュー糖‥‥100g
薄力粉‥‥200g
ベーキングパウダー‥‥小さじ1
スパイスジンジャー（P.80）‥‥80g
梅のジャム（P.32）‥‥100g

準備

* バターと卵は室温にもどす。
* ボウルに薄力粉とベーキングパウダーを入れ、泡立て器でよく混ぜ合わせる。
* オーブンを160℃に温める。
* 型にオーブンシートを敷く。

作り方

1　大きなボウルに準備したバターを入れ、泡立て器でぐるぐる混ぜてなめらかにする。
2　グラニュー糖を加え、泡立て器でぐるぐる混ぜてバターに完全になじませる。
3　卵を1個ずつ加え、そのつど泡立て器で混ぜ込む。
4　合わせておいた粉類を加え、ゴムべらでさっくり混ぜる。
5　少し粉っぽさが残るくらいで、スパイスジンジャーと梅のジャムを加え、ゴムべらでさっくり混ぜる。
6　準備した型に生地を入れ、真ん中が低くなるように表面をならし、縦一直線に1cm深さの線を引く。
7　160℃のオーブンで25分焼き、取り出してオーブンを140℃に下げ、ケーキの表面をアルミ箔で覆ってさらに45分焼く。スイッチを切り、そのまま庫内で冷ます。

パウンドケーキには生ケーキのような華やかさはないから、お茶会には花を生けるといい。季節の花のとりどりの色や光に透ける葉の色が、部屋をぱっと明るくする。

干し柿と胡桃の味噌パウンド

生地は白味噌風味。中には半生に干したあんぽ柿がぎっしり。干し柿の代わりに、生の柿を軽く焼いて水分を飛ばしてもいい。柿色がそのまま残りますようにと願ったが、オーブンの中で茶色に変わった。

材料　24.5cmパウンド型1台分

- バター（食塩不使用）‥‥150g
- 卵‥‥3個
- グラニュー糖‥‥130g
- 薄力粉‥‥200g
- ベーキングパウダー‥‥小さじ1
- 干し柿‥‥150g
- クルミ‥‥35g
- 白味噌‥‥65g

準備

- ＊ バターと卵は室温にもどす。
- ＊ ボウルに薄力粉とベーキングパウダーを入れ、泡立て器でよく混ぜ合わせる。
- ＊ 干し柿はヘタを除き、切り開いて5mmの細切りにする。
- ＊ クルミは粗く刻む。
- ＊ オーブンを160℃に温める。
- ＊ 型にオーブンシートを敷く。

作り方

1. 大きなボウルに準備したバターを入れ、泡立て器でぐるぐる混ぜてなめらかにする。
2. グラニュー糖を加え、泡立て器でぐるぐる混ぜてバターに完全になじませる。
3. 白味噌を加え、泡立て器でまんべんなく混ぜる。
4. 卵を1個ずつ加え、そのつど泡立て器で混ぜ込む。
5. 合わせておいた粉類を加え、ゴムべらでさっくり混ぜる。
6. 少し粉っぽさが残るくらいで干し柿とクルミを加え、ゴムべらでさっくり混ぜる。
7. 準備した型に生地を入れ、真ん中が低くなるように表面をならし、縦一直線に1cm深さの線を引く。
8. 160℃のオーブンで25分焼き、取り出してオーブンを140℃に下げ、ケーキの表面をアルミ箔で覆ってさらに45分焼く。スイッチを切り、そのまま庫内で冷ます。

まったり濃厚な柿の白和えを食べ、味噌と合わせるこのケーキを思いついた。干し柿の甘さは果実の中でもピカいち。あんぽ柿はみずみずしさが半分残って、ねっとりとして色もとてもきれい。

アンズと梅は植物として親戚だし、香りも似ている。
小梅味噌は味噌と砂糖に青梅を漬けて作る
梅風味の甘味噌だれ。
これさえあれば、おいしい味噌味のケーキが焼ける。

干しアンズの小梅味噌ケーキ

材料　24.5cmパウンド型1台分

- バター（食塩不使用）‥‥150g
- 卵‥‥3個
- グラニュー糖‥‥130g
- 薄力粉‥‥200g
- ベーキングパウダー‥‥小さじ1
- 干しアンズ‥‥75g
- 小梅味噌（下記）‥‥100g

準備

- ＊ バターと卵は室温にもどす。
- ＊ ボウルに薄力粉とベーキングパウダーを入れ、泡立て器でよく混ぜ合わせる。
- ＊ 干しアンズは1cm角に切る。
- ＊ オーブンを160℃に温める。
- ＊ 型にオーブンシートを敷く。

作り方

1. 大きなボウルに準備したバターを入れ、泡立て器でぐるぐる混ぜてなめらかにする。
2. グラニュー糖を加え、泡立て器でぐるぐる混ぜてバターに完全になじませる。
3. 卵を1個ずつ加え、そのつど泡立て器で混ぜ込む。
4. 合わせておいた粉類を加え、ゴムべらでさっくり混ぜる。
5. 少し粉っぽさが残るくらいで干しアンズと小梅味噌を加え、ゴムべらでさっくり混ぜる。
6. 準備した型に生地を入れ、真ん中が低くなるように表面をならし、縦一直線に1cm深さの線を引く。
7. 160℃のオーブンで25分焼き、取り出してオーブンを140℃に下げ、ケーキの表面をアルミ箔で覆ってさらに45分焼く。スイッチを切り、そのまま庫内で冷ます。

梅、味噌、砂糖を重ねて詰めて2週間待つと、梅からエキスが出る。青菜を和えても、ざるうどんのたれにもいい。冷蔵保存できる。

小梅味噌

材料　作りやすい分量

- 小梅（青梅）‥‥600g
- 味噌‥‥600g
- 三温糖‥‥360g
- 米酢‥‥大さじ2
- みりん‥‥大さじ2

準備

- ＊ 小梅は洗って完全に乾かす。
- ＊ 竹串でヘタを取り除く。

3 ボウルにざるを重ね、2をあけて小梅と味噌に分ける。へらで小梅を押して、味噌を残らず漉し取る。ボウルに落ちた液体が小梅味噌。

2 米酢とみりんを混ぜ合わせ、1の上からまわしかける。蓋をして冷暗所に置き、2〜3日おきに底から混ぜ、2週間ほど漬ける。

1 煮沸消毒した保存瓶に小梅の1/3を入れ、味噌の1/3をぬりつけ、三温糖の1/3をまぶす。これを2回くり返して層状に重ねる。

番茶と胡桃のシナモンケーキ

番茶の渋みのある香ばしさが好き。すり鉢で丹念にすって、ざるでふるってから焼き込む。焼きあがった生地はまさに番茶色。ホイップクリームをかけ、砕いた番茶と胡桃を添え、シナモンを少しふって。

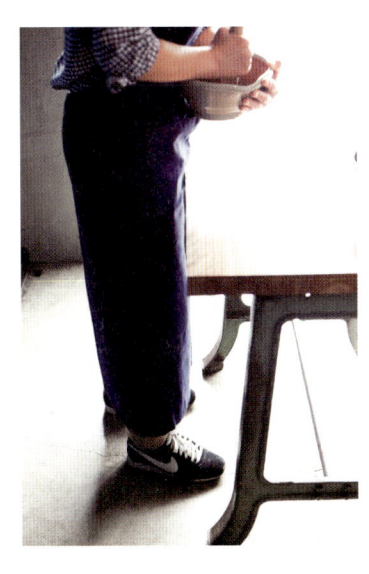

すり鉢は憧れの料理道具だった。"できる"人が使うストイックなイメージがあったから。ごりごりしつつ、ちょっとした満足感に浸る。

材料　24.5cmパウンド型1台分

バター(食塩不使用)‥‥150g
卵‥‥3個
グラニュー糖‥‥130g
薄力粉‥‥215g
ベーキングパウダー‥‥小さじ1
番茶(茶葉)‥‥8g
クルミ‥‥60g
シナモンパウダー‥‥15g

準備
* バターと卵は室温にもどす。
* ボウルに薄力粉、ベーキングパウダー、シナモンパウダーを入れ、泡立て器でよく混ぜ合わせる。
* 番茶はすり鉢で細かくすりつぶし、ざるでふるう。
* クルミは粗く刻む。
* オーブンを160℃に温める。
* 型にオーブンシートを敷く。

作り方
1　大きなボウルに準備したバターを入れ、泡立て器でぐるぐる混ぜてなめらかにする。
2　グラニュー糖を加え、泡立て器でぐるぐる混ぜてバターに完全になじませる。
3　卵を1個ずつ加え、そのつど泡立て器で混ぜ込む。
4　合わせておいた粉類を加え、ゴムべらでさっくり混ぜる。
5　少し粉っぽさが残るくらいで、番茶とクルミ40gを加え、ゴムべらでさっくり混ぜる。
6　準備した型に生地を入れ、真ん中が低くなるように表面をならし、縦一直線に1cm深さの線を引く。
7　残りのクルミを表面に散らす。
8　160℃のオーブンで25分焼き、取り出してオーブンを140℃に下げ、ケーキの表面をアルミ箔で覆ってさらに45分焼く。スイッチを切り、そのまま庫内で冷ます。

甘納豆の味噌パウンド

春をイメージして作ったケーキ。
切り口に大きい豆や小さい豆がごろごろ見えると楽しいから、
ミックスタイプの甘納豆を使おう。
白味噌の甘じょっぱさが豆の甘さを引きたてる。

白味噌は茶色い味噌よりうんと甘い。塩気もしっかりあるからケーキが甘じょっぱくなり、発酵風味も加わって深い味に。甘納豆との組み合わせは、煎茶にぴったり。

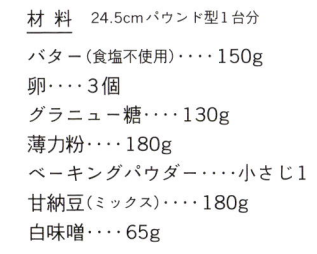

材料　24.5cmパウンド型1台分

バター(食塩不使用)‥‥150g
卵‥‥3個
グラニュー糖‥‥130g
薄力粉‥‥180g
ベーキングパウダー‥‥小さじ1
甘納豆(ミックス)‥‥180g
白味噌‥‥65g

準備

＊ バターと卵は室温にもどす。
＊ ボウルに薄力粉とベーキングパウダーを入れ、泡立て器でよく混ぜ合わせる。
＊ オーブンを160℃に温める。
＊ 型にオーブンシートを敷く。

作り方

1　大きなボウルに準備したバターを入れ、泡立て器でぐるぐる混ぜてなめらかにする。
2　グラニュー糖を加え、泡立て器でぐるぐる混ぜてバターに完全になじませる。
3　白味噌を加え、泡立て器でまんべんなく混ぜる。
4　卵を1個ずつ加え、そのつど泡立て器で混ぜ込む。
5　合わせておいた粉類を加え、ゴムべらでさっくり混ぜる。
6　少し粉っぽさが残るくらいで甘納豆を加え、ゴムべらでさっくり混ぜる。
7　準備した型に生地を入れ、真ん中が低くなるように表面をならし、縦一直線に1cm深さの線を引く。
8　160℃のオーブンで25分焼き、取り出してオーブンを140℃に下げ、ケーキの表面をアルミ箔で覆ってさらに45分焼く。スイッチを切り、そのまま庫内で冷ます。

干しイチジクと胡麻の味噌パウンド

干しイチジクの果肉のつぶつぶした感じと胡麻のぷちぷち感はよく似ている。どちらもやさしい味なので、白味噌を混ぜて深みを出してみた。和風とエキゾチックの中間くらいのいい感じの曖昧さ。

材料　24.5cmパウンド型1台分

バター（食塩不使用）‥‥150g
卵‥‥3個
グラニュー糖‥‥130g
薄力粉‥‥180g
ベーキングパウダー‥‥小さじ1
ドライイチジク‥‥130g
白ゴマ（生地用）‥‥大さじ2
白ゴマ（飾り用）‥‥大さじ1
白味噌‥‥65g

準備

＊バターと卵は室温にもどす。
＊ボウルに薄力粉とベーキングパウダーを入れ、泡立て器でよく混ぜ合わせる。
＊ドライイチジクは1cm角に切る。
＊オーブンを160℃に温める。
＊型にオーブンシートを敷く。

イチジクも胡麻も遠くアフリカ、中近東など西方から中国を通じて伝わったもの。そう聞くと原始的な素朴さ、力強さを感じる。このケーキにはホイップクリームをかけ、刻んだ干しイチジクと白胡麻を添えてどうぞ。

作り方

1　大きなボウルに準備したバターを入れ、泡立て器でぐるぐる混ぜてなめらかにする。
2　グラニュー糖を加え、泡立て器でぐるぐる混ぜてバターに完全になじませる。
3　白味噌を加え、泡立て器でまんべんなく混ぜる。
4　卵を1個ずつ加え、そのつど泡立て器で混ぜ込む。
5　合わせておいた粉類を加え、ゴムべらでさっくり混ぜる。
6　少し粉っぽさが残るくらいで、ドライイチジクと生地用の白ゴマを加え、ゴムべらでさっくり混ぜる。
7　準備した型に生地を入れ、真ん中が低くなるように表面をならし、縦一直線に1cm深さの線を引く。
8　飾り用の白ゴマを表面に散らす。
9　160℃のオーブンで25分焼き、取り出してオーブンを140℃に下げ、ケーキの表面をアルミ箔で覆ってさらに45分焼く。スイッチを切り、そのまま庫内で冷ます。

木の実と小梅味噌のパウンドケーキ

梅風味の味噌だれを生地に混ぜ、木の実をたっぷり焼き込んだ香ばしくて甘じょっぱいケーキ。気の置けない味がおやつにぴったり。焼けた小梅味噌の味はどこかチーズっぽい。

材料　24.5cmパウンド型1台分

バター（食塩不使用）‥‥150g
卵‥‥3個
グラニュー糖‥‥130g
薄力粉‥‥200g
ベーキングパウダー‥‥小さじ1
木の実（アーモンド、カシューナッツ、ピスタチオ
　などを合わせる）‥‥50g
小梅味噌（P.87）‥‥100g

準備

＊ バターと卵は室温にもどす。
＊ ボウルに薄力粉とベーキングパウダー
　 を入れ、泡立て器でよく混ぜ合わせる。
＊ 木の実は粗く刻む。
＊ オーブンを160℃に温める。
＊ 型にオーブンシートを敷く。

作り方

1　大きなボウルに準備したバターを入れ、泡立て器でぐるぐる混ぜてなめらかにする。

2　グラニュー糖を加え、泡立て器でぐるぐる混ぜてバターに完全になじませる。

3　卵を1個ずつ加え、そのつど泡立て器で混ぜ込む。

4　合わせておいた粉類を加え、ゴムべらでさっくり混ぜる。

5　少し粉っぽさが残るくらいで木の実と小梅味噌を加え、ゴムべらでさっくり混ぜる。

6　準備した型に生地を入れ、真ん中が低くなるように表面をならし、縦一直線に1cm深さの線を引く。

7　160℃のオーブンで25分焼き、取り出してオーブンを140℃に下げ、ケーキの表面をアルミ箔で覆ってさらに45分焼く。スイッチを切り、そのまま庫内で冷ます。

独立前に働いていた店では、店主やスタッフがそれぞれのセンスで花を生けていた。その影響を受け、自分も花を生けるように。何もない所に花を置くだけで、まったく違う空間になる。生けたあとは厨房に吊るしてドライフラワーにして、ケーキのラッピングに使うことも。

セキグチテルヨ

喫茶店やカフェなど様々な飲食店で働いた経験をもつ。独立してパウンドケーキを作りはじめ、カフェや雑貨店に卸したり、各種イベントで販売して評判をよぶ。2013年にカフェ「circus」をオープン。ベトナム風定食などの食事メニューのほか、パウンドケーキや季節の冷菓、ドリンクやアルコールを提供している。
http://twilight-circus.com/

撮影●大山裕平
デザイン●片岡修一（pull/push）
編集・スタイリング●美濃越かおる

お茶にもお酒にもあう大人のケーキ＋季節の果実ジャム
circus（サーカス）の どこにもないパウンドケーキ

2015年10月10日　発　行　　　　　　　　　　　　　　NDC596
2016年2月1日　第3刷

著　者　　セキグチテルヨ
発行者　　小川雄一
発行所　　株式会社 誠文堂新光社
　　　　　〒113-0033　東京都文京区本郷3-3-11
　　　　　（編集）電話03-5805-7285
　　　　　（販売）電話03-5800-5780
　　　　　http://www.seibundo-shinkosha.net/
印刷・製本　図書印刷株式会社

Ⓒ 2015,Teruyo Sekiguchi.　Printed in Japan
検印省略　禁・無断転載
落丁・乱丁本はお取り替え致します。

本書に掲載された記事の著作権は著者に帰属します。
こちらを無断で使用し、料理教室、販売、商品化を行うことを禁じます。

本書のコピー、スキャン、デジタル化等の無断複製は、著作権法上での例外を除き、禁じられています。本書を代行業者等の第三者に依頼してスキャンやデジタル化することは、たとえ個人や家庭内での利用であっても著作権法上認められません。

Ⓡ〈日本複製権センター委託出版物〉
本書を無断で複写複製（コピー）することは、著作権法上の例外を除き、禁じられています。本書をコピーされる場合は、日本複製権センター（JRRC）の許諾を受けてください。
JRRC〈http://www.jrrc.or.jp/　E-mail: jrrc_info@jrrc.or.jp　電話03-3401-2382〉

ISBN978-4-416-71511-6